NATIONAL GEOGRAPHIC

D0584282

Mundos de oportunidades

EDICIÓN PATHFINDER

Por Bonnie Brook

CONTENIDO

2 El sueño de Kakenya

8 Viajando sin cesar

10 Migración

12 Verificación de conceptos

EL SUEÑO
DE KAKENYA
Un futuro de esperanza

Por Bonnie Brook

Estas mujeres caminan por el camino que conduce a la aldea de Kakenya en Kenia.

La mayoría de los exploradores viaja a lugares alejados de sus hogares para hacer sus descubrimientos. Kakenya Ntaiya, la incipiente exploradora de National Geographic, ha llegado hasta su hogar, Kenia, para convertir en realidad su sueño de oportunidades.

En 2000, una niña en la pequeña aldea masai de Enoosaen, Kenia, tenía un plan distinto. Quería continuar su educación para ir de la escuela secundaria a la universidad en los Estados Unidos. A cambio, prometió aprovechar su educación para beneficiar al pueblo de Enoosaen.

Rogó a sus padres y a los ancianos de la aldea que la dejaran ir. Fue el inicio del sueño de una niña hecho realidad. Así fue como esa niña, Kakenya Ntaiya, se convirtió en parte de una **migración** global.

Hoy en día, más del 3% de la población mundial —más de doscientos millones de personas— vive fuera de su país de origen. Muchos millones más se han mudado o han sido trasladados dentro de las fronteras de su tierra natal. Gran parte de este movimiento es causado por las presiones económicas. En parte, es forzado por el daño al medio ambiente o por el conflicto entre los hombres. Algunas migraciones surgen de las oportunidades lejos del hogar.

Una cosa es cierta: las personas viajan sin cesar como nunca antes. ¿Quiénes son estas personas que viajan sin cesar? ¿Adónde están yendo? ¿Cómo cambiarán la sociedad? Y especialmente, ¿de qué forma sus viajes cambiarán su identidad?

Este muchacho masai arrea el ganado fuera de su aldea en Kenia.

Un anciano de la aldea bendice a la familia de Kakenya y a su hogar en Enoosaen.

El sueño de Kakenya

Como otros antes que ella, Kakenya Ntaiya llegó a los Estados Unidos en búsqueda de una oportunidad para construir un futuro mejor para ella y los demás. A diferencia de los **refugiados** que se ven obligados a abandonar sus hogares para estar a salvo de la guerra, la persecución y otras dificultades, Kakenya no tenía que emigrar o irse de casa. Fue decisión de Kakenya ir a la universidad en los Estados Unidos. Su migración fue **voluntaria**. De hecho, tuvo que convencer a sus padres y a los ancianos de la aldea para que la dejaran ir.

Para la gente de Enoosaen, la vida en los Estados Unidos era difícil de imaginar. En Enoosaen, las casas están fabricadas con ladrillos de adobe. Las vacas y las gallinas pasean por la aldea. No hay agua corriente o electricidad, y la ruta pavimentada más cercana está a muchas millas de distancia. Además, las niñas de Enoosaen no van más allá de las plantaciones de maíz y caña de azúcar que rodean la pequeña aldea. ¿Por qué querría una niña viajar tan lejos? Aun así, Kakenya, la mayor de ocho hermanos, estaba convencida de que quería ir a los Estados Unidos.

Una niña nunca olvidará su hogar

Kakenya fue obstinada y perseverante. Convenció a sus padres de que merecía la oportunidad de estudiar en los Estados Unidos. Además, prometió a los ancianos de la aldea que devolvería todo lo que le habían dado. Kakenya prometió regresar a la aldea y construir una escuela para niñas. Compartiría el conocimiento adquirido en los Estados Unidos. Lo usaría para brindar a las jóvenes de su región la oportunidad de recibir una educación de calidad.

"Una niña nunca olvida su hogar", dijeron los ancianos. Confiaron en que Kakenya recordaría sus lazos con la aldea y regresaría. Sabían que ella ya había obtenido una **beca** de Randolph-Macon Woman's College en los Estados Unidos. Pero los propios esfuerzos de Kakenya no eran suficientes para que se abriera camino. Por eso toda la aldea juntó dinero para pagar su viaje. Con sus bendiciones, Kakenya partió rumbo a Lynchburg, Virginia, para cumplir con sus esperanzas para su aldea.

Kakenya recibe un abrazo de una amiga en la cafetería de la universidad.

La vida en una cultura nueva

Una vez que llegó a Randolph-Macon Woman's College, Kakenya tuvo mucho que aprender acerca de la vida en los Estados Unidos. Además de su primer año de estudios, vivió sus primeras experiencias con las instalaciones de agua, los cubiertos, los supermercados y las grandes tiendas e, incluso, la nieve. Los amigos se ofrecieron para ser los primeros en llevar a Kakenya a ver una película o a comer a un restaurante de comidas rápidas.

Afortunadamente, había otros estudiantes internacionales en las clases de Kakenya en Randolph-Macon. También habían llegado a los Estados Unidos para obtener la oportunidad de adquirir valiosos conocimientos. Kakenya pudo identificarse con sus experiencias.

Kakenya sabía que debía aprovechar al máximo su estadía en los Estados Unidos. Durante su estadía en Randolph-Macon, trabajó en un laboratorio de computación para ganar dinero extra.

Randolph-Macon Woman's College

También viajó a las conferencias de simulación de la Unión Africana en Nueva York y Washington D.C. Cada día, Kakenya agradeció a la gente de su pueblo que había hecho que esto fuera posible para ella.

Promesas que cumplir

Durante este tiempo, Kakenya se sintió con frecuencia superada por las tareas que tenía que enfrentar. No solo tenía que completar sus estudios con éxito, sino que tenía que pagar deudas a su aldea. Tenía que construir una escuela para niñas. Cuando las cosas se ponían muy difíciles, Kakenya se dirigía a sus amigos de la escuela, pues sabía que la comprenderían. Esto siempre la ayudó a seguir adelante.

Kakenya lee con las niñas de cuarto grado de su escuela en Enoosaen.

Promesas cumplidas

Después de recibir su título de grado, Kakenya continuó estudiando un doctorado en educación en la Universidad de Pittsburg. Luego regresó a su hogar en Enoosaen.

"Hoy en día, estoy trabajando para cumplir con la promesa que hice años atrás: regresar a mi aldea y devolver lo que me dieron", dice Kakenya. "Desde 2006, estoy trabajando para construir una escuela para niñas en Enoosaen, para que otras jóvenes africanas puedan seguir el mismo camino que yo —hacia la educación, la realización personal y el liderazgo—. Ese es mi sueño".

Kakenya está trabajando duro para alcanzar su sueño. Su escuela para niñas, el Centro Kakenya para la Excelencia, fue inaugurada en mayo de 2009, con treinta y dos estudiantes de cuarto grado. En enero de 2010, se inscribieron en el centro treinta y una estudiantes más. El plan es que se inscriban ciento cincuenta estudiantes de cuarto a octavo año para 2013.

Estudios y liderazgo

Cada grado tiene su propio salón de clases en la escuela. Las niñas aprenden inglés, suajili, matemáticas, ciencias, geografía, historia, religión, arte y educación física. Un programa de capacitación en liderazgo otorga a las niñas experiencia directa en el funcionamiento de consejos estudiantiles, actividades extracurriculares y programas de alcance comunitario.

Kakenya quiere que las niñas de su escuela aprovechen sus experiencias para acrecentar su confianza en sí mismas. Cree que "la participación personal promueve la confianza en uno mismo". Continúa diciendo que "la habilitación resultante alentará a las niñas a defender lo que creen y a ayudar en el desarrollo de programas en su escuela y en sus comunidades".

¿Qué viene después?

Kakenya divide su tiempo entre su trabajo en la escuela y los esfuerzos para juntar fondos para esta. Tiene muchos momentos llenos de dicha al observar a sus estudiantes practicando álgebra, bailando y cantando. Incluso se entretienen hablando con personas de los Estados Unidos a través de Internet.

Kakenya cree que su escuela puede ayudar a que más sueños se conviertan en realidad. Ella explica: "Mi esperanza es que cuando nuestras niñas nos dejen para ir a la escuela secundaria, hayan recibido una base tan sólida como la de cualquier niño en China, Europa o los Estados Unidos". Los padres de los estudiantes de Kakenya también opinan lo mismo. "Cuando compartí esta visión con los padres de las niñas, la ronda de aplausos de su parte confirmó que este era un sueño compartido", dice.

Conservación de la cultura

La escuela de Kakenya también conserva importantes valores culturales y locales. Las niñas aprenden las destrezas para la vida en su aldea. Esto les permite continuar con las tradiciones familiares. También aprenden formas más modernas de mejorar sus granjas, la salud de las vacas y sus hogares. Como resultado, las familias sienten los beneficios inmediatos de la escuela, y la educación de una niña se convierte en una buena inversión para todos.

Un largo viaje

Kakenya ha recorrido un largo camino desde los días de los padres y los ancianos reticentes hasta el Centro Kakenya para la Excelencia. Kakenya convirtió sus sueños en realidad. A través del trabajo duro y de la perseverancia, emigró a los Estados Unidos para tener la oportunidad de ir a la universidad y adquirir valiosos conocimientos. Ahora ha regresado a casa para compartir estos conocimientos con los demás. En el proceso, Kakenya Ntaiya ha remodelado su comunidad y se ha redefinido a sí misma.

VOCABULARIO

beca: dinero que ayuda a seguir estudiando

migración: mudarse de una parte del mundo a otra

refugiado: persona que se ve forzada a dejar su hogar, porque es muy peligroso vivir allí

voluntario: algo que alguien hace porque quiere, no porque debe hacerlo

¡VIAJANDO
sin cesar!

NORTEAMÉRICA

Vancouver 0.8m•

Toronto 2.0m•

Chicago 1.6m•

San Francisco 1.2m•

Los Ángeles 4.4m•

Riverside 0.8m•

Dallas 0.8m•

Houston 0.8m•

Boston 0.7m•

Nueva York 5.1m•

Washington 1.1m

Miami 1.9m

Londres 1.9m•
París 1.0m•

SUDAMÉRICA

•Buenos Aires 0.9m

Fuente: George Washington University, Globalización, urbanización y migración (GWU-GUM)

Cantidad de personas nacidas en otros países

 5 millones

 3 millones

• 1.5 millones

• 0.8 millones

Miami, Estados Unidos:
los cubanos juegan al dominó en la Pequeña Habana. Otros recién llegados son de Haití y Jamaica.

Nueva York, Estados Unidos:
la ciudad de Nueva York tiene más inmigrantes que cualquier otro lugar. Estos nuevos residentes hacen que la vida en Nueva York sea fascinante y diversa.

LA INMIGRACIÓN SE HA GLOBALIZADO. Este mapa de ciudades de ingreso alrededor del mundo muestra que hay muchos puntos de destino de inmigración. La gente viaja sin cesar como nunca antes. Algunos, como Kakenya Ntaiya, son inmigrantes voluntarios que migran en busca de una oportunidad. Otros son refugiados que buscan un lugar seguro, alejado de la guerra, la persecución y otras dificultades.

La inmigración ha creado una increíble diversidad. Estos datos de cuatro ciudades de ingreso son evidencia de que el mundo se ha convertido en una comunidad global.

ASIA

Tel Aviv-Yafo **1.5m**

Riyadh **1.5m** • Dubai **1.1m**

•Jiddah **1.2m**

Hong Kong **3.0m**

ÁFRICA

Singapur **1.4m**•

AUSTRALIA

• Sídney **1.2m**

Melbourne **1.0m** •

Toronto, Canadá: *esta tienda está en el Barrio Chino de Toronto. Muchas personas llegan a Toronto desde países asiáticos, como China e India.*

Dubái, Emiratos Árabes Unidos: *muchos trabajadores de India, Pakistán y Bangladesh encuentran trabajo en Dubái. Los residentes nuevos forman una gran parte de la población de este lugar.*

adaptado de un informe de Brian Reeds que fue emitido en la edición matutina de NPR del 16 al 17 de febrero de 2011.

Una nación que se hunde provoca una

Migración

Los desastres naturales suelen sorprender repentinamente y sin advertencia. Las personas tienen que reaccionar con poco tiempo para pensar adónde ir o qué hacer. Sin embargo, un desastre natural está sucediendo ahora mismo en las islas de Kiribati. Afortunadamente, está sucediendo lentamente, por lo que los isleños pueden planificar lo que deben hacer.

Kiribati es una nación de diminutas islas que forman un racimo en una región del océano Pacífico que más o menos duplica el tamaño de Alaska. Más de 40.000 personas viven en una isla, Tawara del Sur, la capital.

Situadas a dos metros (6,5 pies) sobre el nivel del mar, estas islas son problemáticas. ¿Por qué? Muchos residentes piensan que las temperaturas en ascenso y el aumento del nivel del mar están causando el hundimiento de las islas.

La gente ve cómo las mareas altas atraviesan la arena y destruyen los cultivos. También ve cómo el agua avanza hacia sus hogares. "El nivel del mar ahora llega hasta la carretera, incluso hasta las casas", dice Ata Merang, residente de Tawara del Sur.

Además, la gente ha notado que las estaciones secas se extienden. Esto puede hacer que el agua escasee.

Este joven residente de Kiribati observa cómo las olas se adentran en la aldea

Emigrando con dignidad

El presidente de Kiribati, Anote Tong, está tan preocupado por el aumento del nivel del mar y otros cambios que ha implementado un plan para ayudar a sus ciudadanos. El presidente Tong espera que su plan otorgue a los ciudadanos de Kiribati la oportunidad de "emigrar con dignidad".

El presidente Tong cree que este plan ayudará. "Lo que significa es que no se trata de tan solo juntar a la población de las aldeas y transportarla a un centro en Australia, para luego decir: 'De acuerdo, aquí están'", dice. En lugar de esto, está tratando de encontrar la forma de que la población se traslade lentamente, adaptándose a su nuevo entorno y estableciendo sus propias comunidades en otros países.

El primer experimento de esta clase de inmigración es la Iniciativa de Enfermeros de Kiribati en Australia (KANI). Más de ochenta estudiantes de Kiribati están estudiando enfermería en la Universidad de Griffith, en Australia. Por lo general, los estudiantes se capacitan y regresan a casa. Luego aplican sus habilidades a ayudar a su país en desarrollo. La diferencia en los estudiantes de KANI es que quizá no tengan un país donde regresar.

Viviendo en otra cultura

Tibea Baure es una de estos estudiantes que aprende enfermería en Brisbane, Australia. Mudarse desde una diminuta nación en una isla, como Kiribati, a un suburbio en las afueras de Brisbane tiene sus desafíos. Para empezar, es demasiado tranquilo. "No es como allá en la isla. Ellos gritan y pueden cantar en cualquier momento en el que tengan ganas de cantar", dice Tibea. El silencio poco familiar la hace sentirse sola.

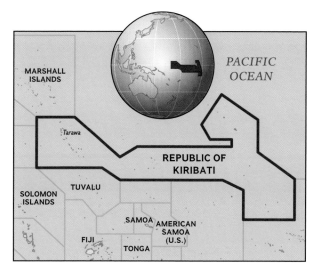

Otra amiga del programa de enfermería encontró muy difícil dormir en una cama al principio. En cambio, desplegó la tradicional alfombra tejida que trajo consigo desde las islas. "¡Tengo que dormir en el suelo!", anunció a la madre de la casa donde se alojaba.

Conservando la identidad nacional

Muchos de los residentes mayores de Kiribati no creen que las islas se estén hundiendo. Aunque Tibea quiere que sus padres se muden a Australia, ellos no creen que el aumento del nivel del mar sea una amenaza. Lo que es una amenaza, creen muchos habitantes de Kiribati, es la pérdida de su identidad nacional. ¿Qué significará que su país deje de existir? ¿Quiénes serán?

Los estudiantes de KANI han encontrado una respuesta, una forma de conservar el patrimonio de Kiribati en su nuevo país. Se reúnen todos los miércoles por la noche en la casa de alguien, se sientan en sus alfombras y cantan las canciones de la isla. De esta forma, recuerdan a Kiribati y se sienten un poco más cerca de casa.

Viajando sin cesar

La gente de alrededor del mundo está viajando sin cesar. Responde estas preguntas para unirte a ella.

1 ¿Cuál era el sueño de Kakenya?

2 En orden, enumera los pasos que tomó Kakenya para poder emigrar.

3 Kakenya quiere que hacia 2013 se inscriban ciento cincuenta estudiantes de cuarto a octavo año. ¿Logrará esta meta? Di por qué sí o por qué no.

4 ¿Por qué puede que los habitantes de Kiribati tengan que abandonar las islas? ¿Cuál es el plan de migración del presidente Tong?

5 ¿En qué se parecen las experiencias de Kakenya y de Tibea? ¿En qué se diferencian?

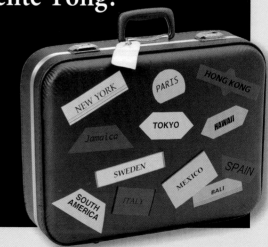